D1309098

ONE DIRECTION

Le guide ultime des fans

Sarah-Louise James

Catalogage avant publication de Bibliothèque et Archives nationales du Québec et Bibliothèque et Archives Canada

James, Sarah-Louise

One Direction : le guide ultime des fans

Traduction de : One Direction : the ultimate fan book.

Pour enfants de 7 ans et plus.

ISBN 978-2-89654-368-7

1. One Direction (Groupe musical) - Ouvrages pour la jeunesse. I. Titre.

ML3930.O585J3514 2013   j782.42164092'2   C2012-942650-4

Nous reconnaissons l'aide financière du Gouvernement du Canada par l'entremise du Fonds du livre du Canada pour nos activités d'édition. Nous remercions également l'Association pour l'exportation du livre canadien (AELC), ainsi que le Gouvernement du Québec : Programme de crédit d'impôt pour l'édition de livres – la Société de développement des entreprises culturelles (SODEC).

Titre original : *One Direction : the ultimate fan book*

© 2012 Carlton Books Limited
Cette édition a été publiée en 2012
par Carlton Books Limited
20 Mortimer Street
London W1T 3JW

Pour l'édition en langue française :
Traduction : Véronique Bureau
Révision : Lise Roy
Infographie : Nancy Lépine

Copyright © Ottawa 2013 Broquet Inc.
Dépôt légal – Bibliothèque et Archives nationales du Québec
1er trimestre 2013

ISBN 978-2-89654-368-7

Imprimé en Inde

Tous droits réservés. Aucune partie du présent ouvrage ne peut être reproduite ou utilisée par quelque procédé que ce soit, y compris les méthodes graphiques, électroniques ou mécaniques, les enregistrements ou systèmes de mise en mémoire et d'information, sans l'accord préalable des propriétaires des droits.

Crédits photographiques
Les éditeurs tiennent à remercier Rex Features pour leur aimable autorisation de reproduire les photographies dans ce livre, et en particulier leurs photographes/agents aux pages suivantes.

4. Action Press, 5. Rob Cable, 6. IBL, 7. Matt Baron/BEI, 8. (gauche) David Rowland, (droite) Newspix/Nathan Richter, 9. IBL, 11. Matt Baron/BEI, 12. (gauche) Newspix, (droit), 13 – 14. IBL, 15. (gauche) McPix Ltd, (droite) Picture Perfect, 16. Beretta/ Sims, 17, 18 et 19. McPix Ltd, 20. (gauche) Martin Karius, (droit) Beretta/Sims, 21. (gauche) Copetti/Photofab, (droit) NTI Media Ltd, 22. NTI Media, 23. (en haut) Beretta/Sims, (en bas) Martin Karius, 24. McPix Ltd, 25. (droite) Graham Stone, 26. (gauche) Hugh Thompson, (droite) Rob Cable, 27. Shropshire Star/NTI Media Ltd, 28 – 29. Martin Karius, 31. McPix Ltd, 32. Marcocchi Giulio/Sipa (gauche), Everett Collection (en haut à droite), (en bas) MediaPunch, 33. Jonathan Hordle, 34. MediaPunch, 35. (en haut à gauche et à droite) Owen Sweeney, (en bas) Beretta/Simms, 36 et 37. Matt Baron/BEI, 38. Picture Perfect, 39. Startracks Photo, 40. Matt Baron/BEI, 41. Stewart Cook, 42. Owen Sweeney, 44. (en haut) Beretta/Sims, 45. (à gauche) Veda Jo Jenkins, (à droite) Newspix, 46. Newspix, 47. (en haut) Newspix, (en bas) Toure Cheick, 48. (en haut) David Fisher, (en bas) Brian Rasic, 49. Startracks Photo, 50. (centre) Newspix, 50 – 51. (en bas) Jonathan Hordle, 53. McPix Ltd. 54. Newspix, 55. Newspix/Nathan Richter, 56. KeystoneUSA-Zuma, 57. (en haut à gauche) David Fisher, (en haut à droite) Jim Smeal/BEI, (en bas à gauche) Jonathan Hordle, (en bas à droite) SIPA/USA, 58. Beretta/Sims, 60. Everett Collection, 61. Rob Cable, 62. Brian Rasic, 62 – 63. (vedettes) Newspix.

Tous les efforts ont été faits pour mentionner et communiquer correctement la source et/ou le titulaire du droit d'auteur de chaque image. Carlton Books Limited s'excuse pour toutes erreurs ou omissions involontaires, lesquelles seront corrigées dans les futures éditions.

Non officiel et non autorisé

ONE DIRECTION

Le guide ultime des fans

Sarah-Louise James

POUR VOUS GARDER ÉVEILLÉ TOUTE LA NUIT !

Broquet

97-B, Montée des Bouleaux, Saint-Constant, Qc, Canada, J5A 1A9
Tél. : (450) 638-3338 Fax : (450) 638-4338
Internet : www.broquet.qc.ca Courriel : info@broquet.qc.ca

INTRODUCTION

Qu'est-ce qui possède dix jambes, une chevelure fournie et qui, lorsqu'il frappe, est reconnu pour être très contagieux ? Réponse : One Direction. Et comme une créature effrayante correspondant à la même description, la plupart du temps, leur apparition provoque des cris stridents. Toutefois, c'est là que s'arrêtent les similitudes. Les membres de 1D sont bien plus sympathiques et beaucoup, beaucoup plus mignons. Ils se nomment Louis Tomlinson, Zayn Malik, Niall Horan, Liam Payne et Harry Styles. Ils se sont regroupés lors de la septième série de *The X Factor*, où le groupe est arrivé en troisième position. Ils ont été happés par le grand patron de l'enregistrement, Simon Cowell, ont publié un tas de succès contagieux et, moins de six mois après la sortie de leur premier simple, ils sont devenus le premier groupe anglais à se hisser au sommet des palmarès avec leur premier album en Amérique.

Ces cinq garçons au teint resplendissant et à la belle chevelure ont été comparés à un autre groupe fantastique, un groupe populaire de leur pays qui arborait une coupe de cheveux particulière et qui a conquis l'Europe, l'Amérique et le reste du monde, Les Beatles eux-mêmes.

En fait, le délire 1D menace de devenir encore plus stupéfiant que la Beatlemania à son apogée. En très peu de temps, les garçons sont passés de perdants de la télé réalité à la signature d'un contrat d'enregistrement très lucratif et ils sont devenus des idoles internationales. Maintenant, leurs visages sont collés sur les murs des chambres et sur des manuels scolaires à travers le monde, leurs tournées se vendent en quelques minutes, ils ont des millions d'admirateurs sur Facebook et Twitter, un tas de succès sur YouTube, ils ont des figurines de plastique à leur effigie, sont revenus à la maison avec des trophées brillants plein les bras, y compris un BRIT Award, et ont toutes sortes de projets passionnants et palpitants en cours d'élaboration.

Les garçons ont peut-être encore du chemin à parcourir avant de surpasser les idoles des adolescents originales, les couronnés Beatles, mais ils ne montrent aucun signe de vouloir abandonner et, en grimpant au sommet du palmarès américain avec leur premier album, ils ont réalisé quelque chose que les légendaires George, Paul, John et Ringo n'ont pas fait. Directioners, la compétition est commencée !

À gauche : One Direction à l'émission de télévision The Dome, RTL 2, Duisburg, Allemagne, novembre 2011.
Ci-dessous : En concert au club Heaven, à Londres, septembre 2011. ★★★★★★★★★

HARRY

Nom : Harry Edward Styles
Date de naissance : 1er février 1994
Holmes Chapel, Cheshire, Angleterre

Le nom d'Harry Styles ne pouvait pas être plus approprié. Il décrit bien le chanteur britannique super mignon aux magnifiques dents blanches. En effet, grâce à une garde-robe complète de t-shirts, nœuds papillon et pantalons chino à la mode, Harry a du style !

Le bébé de 1D est né le 1ᵉʳ février 1994 de parents se prénommant Anne et Des. Il s'appelle Harry Edward Styles. Il est le frère cadet de Gemma et est né à Holmes Chapel, Cheshire. Il n'est donc pas surprenant d'apprendre que le chanteur de charme aux cheveux bouclés, peut-être celui qui fait le plus crier les Directioners, était aussi un adorable bambin. « Il était un si joli bébé », roucoulait la mère de Styles lors d'une interview à la presse.

Non seulement Harry était un enfant mignon et un élève modèle à l'école, mais il aimait aussi la musique. Il a joué le rôle de Buzz l'Éclair dans *Chitty Chitty Bang Bang* et, lorsqu'il avait 14 ans, il a participé à une bataille de groupes de musique à son école en tant que chanteur d'un groupe appelé White Eskimo avec ses copains Haydn, Nick et Will. Le groupe a remporté la compétition et le plaisir de jouer de la musique pour les autres a cimenté le désir d'Harry d'être une vedette populaire à temps plein.

À 16 ans, Harry s'est présenté aux auditions de *The X Factor* 2010. La vie de l'écolier qui se préparait à retourner au collège après avoir obtenu avec succès son diplôme d'études secondaires était sur le point de changer pour le mieux. Harry n'a jamais participé à un camp d'entraînement en tant qu'artiste solo, bien sûr, mais cela s'est avéré être le tout début de 1D. Ce fut l'ingénieux Harry qui arriva avec le nom du groupe, en disant aux autres qu'il serait merveilleux d'être propulsé devant le public du studio de télévision en direct par la puissante voix hors champ de l'animateur de *The X Factor* proclamant ce nom. Les autres étaient tous d'accord.

Les différents styles d'Harry, sa superbe voix et sa personnalité pétillante lui assurent un succès monstre auprès des dames, autant auprès des adolescentes que des femmes. Il est aussi connu pour se mettre torse nu, ce qui ne nuit pas du tout à sa popularité. Harry n'est jamais à court d'admiratrices ou de copines. Il est aussi célibataire et prêt, selon les mots du plus grand succès du groupe, à éclairer la vie de quelqu'un d'autre. La meilleure nouvelle ? Harry dit qu'il n'a aucun problème avec le fait de donner un rendez-vous à une de ses admiratrices.

Harry au Radio City Music Hall, à New York, mars 2012.

Liam, garçon de la campagne, n'est peut-être pas le membre le plus âgé du groupe, mais pour les autres garçons, il est comme un grand frère. Son équilibre et sa concentration amènent le groupe à être organisé et à agir en toute logique, lorsque nécessaire.

Il n'est pas surprenant que ce beau garçon de 19 ans aux yeux noisette ait la tête sur les épaules : dès son plus jeune âge, il a dû grandir plus vite que les autres en raison d'une maladie. Il est l'enfant de Karen et de Geoff et est né le 29 août 1993, à Wolverhampton. À sa naissance, il était de santé fragile. Après avoir passé ses premières années à entrer et à sortir de l'hôpital et à passer de nombreux examens médicaux, les docteurs ont découvert que seulement un de ses reins fonctionnait. Toutefois, le courageux Liam n'a jamais laissé sa maladie le décourager. Il est seulement devenu plus déterminé.

Liam aimait chanter et adorait chantonner les airs de la radio et jouer à des jeux informatiques de karaoké. Il préférait en particulier la musique de Justin Timberlake et de Take That. À l'école, il a tenté de se joindre aux équipes de soccer et à toutes les autres activités scolaires que les garçons aiment. Mais Li et les ballons de soccer n'ont jamais été les meilleurs amis. Toutefois, il a découvert qu'il était un excellent coureur de fond et, à 12 ans, il est devenu membre de l'équipe des moins de 18 ans de l'école, gagnant des courses à gauche, à droite et au centre.

Pendant un certain temps, Liam a rêvé d'être un coureur olympique. Il a également fait de la boxe après être devenu la cible de quelques tyrans à l'école. Mais en dépit du fait qu'il était bon à la fois avec une paire de baskets et avec des gants de boxe, Liam n'était pas destiné à être une vedette sur la piste ou dans le ring. Il avait d'autres rêves.

Très jeune, Liam était un habitué de la chorale de l'école et à 14 ans, il a décidé de participer aux auditions de *The X Factor*. Il n'a pas été sélectionné cette fois là. Dieu merci, parce que, comme nous le savons tous maintenant, c'était juste une question de temps avant que Li retourne à l'émission et qu'il trouve la bonne « direction ».

★★★ À droite : Liam se fait un copain au Lone Pine Koala Sanctuary, Brisbane, en Australie, avril 2012.

Nom : Liam James Payne
Date de naissance : 29 août 1993
Wolverhampton, Angleterre

LIAM

LOUIS

Nom : Louis William Tomlinson
Date de naissance : 24 décembre 1991
Doncaster, Angleterre

Louis était un beau cadeau de Noël pour sa maman et son papa. Le plus âgé des membres de 1D est né la veille de Noël 1991, de parents se prénommant Johannah et Troy, à Doncaster, South Yorkshire.

Son papa et sa maman se sont séparés quand Louis et sa sœur Charlotte étaient petits et sa mère épousa plus tard Mark Tomlinson, beau-père de Louis, dont Louis prit le nom. Lorsqu'il était petit, Louis a toujours désiré avoir des frères pour pouvoir jouer avec eux, mais… ce n'était pas le cas. Mark était le père de trois jeunes filles, donc Louis a hérité d'une bande de sœurs au lieu de frères : Félicité, également connue sous le nom de « Fizzy », et les jumelles Daisy et Phoebe. Comme un bon grand frère typique, Louis était gentil et protecteur envers ses sœurs et, même s'il n'y eut pas autant de pratiques de soccer qu'il y en aurait eu avec quatre garçons, grandir dans une maison de femmes eut un effet positif sur lui.

En conséquence, il dit qu'il comprend maintenant mieux les filles et qu'il est plus sensible. En fait, Louis se fait régulièrement taquiner par le reste des garçons à cause de son grand amour des bébés.

Louis est un jeune homme drôle et extraverti. Il aurait certainement pu être un acteur comique dans une autre vie. Si un membre de One Direction fait une blague, vous pouvez parier que ce sera lui. À l'école, il a montré les premiers signes d'un talent pour les arts du spectacle et pour le chant lors de productions scolaires, et il a obtenu quelques petits rôles à la télévision. L'interprétation était évidemment dans son ADN.

Louis était un bon élève à l'école, mais il raté sa première année de collège parce qu'il faisait trop la fête. Avant *The X Factor*, il décroche un emploi pour lequel il admet qu'il n'était pas très brillant ; il a renversé des bols de soupe et éclaboussé des boissons sur les vêtements de clients. Mais il était populaire auprès des clientes et admet avoir fait de bons pourboires parce qu'il savait bien flirter ! Ce qui fait de lui le candidat idéal pour son prochain rôle : chanteur dans le groupe de garçons le plus populaire de l'heure.

Maintenant, non seulement Louis a trouvé sa véritable vocation, mais il a aussi finalement obtenu la bande de copains qu'il a toujours désirée.

Louis chantant au Radio City Music Hall, à New York, mars 2012.

Imaginez secouer une boisson gazeuse, puis en retirer le couvercle. C'est la personnalité de Niall pour vous. Seul jeune homme irlandais du groupe, le pétillant garçon aux yeux bleus est né le 13 septembre 1993 de parents se prénommant Maura et Bobby.

Il a un frère aîné, Gregg, avec qui il se bagarrait souvent jusqu'à ce qu'ils atteignent tous les deux l'adolescence, après quoi ils s'entendaient comme larrons en foire. Oh! En dépit de la séparation de ses parents lorsqu'il était petit, les deux frères, ainsi que le beau-père de Niall, Chris, s'entendent très bien maintenant. Et Niall croit que c'est le succès de 1D qui les a réunis.

Niall n'était pas très bon élève à l'école et n'a jamais rêvé de terminer ses études, ou d'assister à son bal des finissants. Il était plus intéressé par le divertissement et a toujours eu en lui le cœur d'un chanteur vedette. Il était toujours à la chorale de l'école et adorait écouter la radio.

Enfant, lorsqu'il reçut une guitare à Noël… son ambition de devenir une vedette de la pop se cimenta. En grandissant, il acquit une grande sélection de MP3. Les plus grandes vedettes populaires de l'heure côtoyaient les plus vieux, tels Frank Sinatra et Bon Jovi. Lorsque Niall atteint l'adolescence, il tomba amoureux de la musique de Michael Bublé, le rencontrant quelques années plus tard lors de *The X Factor*, ce qui le rendit fou de joie.

Niall est aussi un admirateur avoué de Justin Bieber et s'est mis à hurler quand Justin lui-même a commencé à le suivre sur Twitter. Un des membres les plus loquaces du groupe, Niall admet aussi être celui qui dit le plus de gros mots, ce qui explique que la seule occasion où vous ne l'entendrez pas est lors d'une entrevue. Il n'a pas confiance en lui et craint de faire un faux pas. Lorsque le groupe voyage aux États-Unis, les cris les plus forts sont toujours pour le garçon de Mullingar. Selon les admirateurs américains, Niall a la parfaite combinaison de charme irlandais et d'un style fabuleux. Et bien, nous aurions pu leur dire!

En concert à The Beacon Theatre, New York, mai 2012.

Niall, l'air songeur, lors d'une interview à la radio à Sydney, en Australie, avril 2012.

Nom : Niall James Horan
Date de naissance : 13 septembre 1993
Mullingar, Westmeath, Irlande

NIALL

ZAYN

Nom : Zayn Jawaad Malik
Date de naissance : 12 janvier 1993
Bradford, Angleterre

Zayn, né à Bradford, est souvent considéré comme le « mauvais garçon » de One Direction. Mais même s'il a plusieurs tatouages, a été aperçu en train de fumer, et semble parfois calme et mystérieux, Zayn est un tendre et peut être tout aussi drôle et espiègle que Louis et Niall lorsqu'il le veut bien.

Zayn, dont le nom signifie « très beau » en arabe, est né le 12 janvier 1993 d'une mère anglaise, Tricia, et d'un père anglo-pakistanais, Yaser. Il a trois sœurs : Doniya, la sœur aînée et deux sœurs cadettes, Waliyha et Safaa. Tout comme Louis, Zayn dit qu'avoir grandi entouré de femmes l'a rendu plus sensible et à l'aise avec les filles. Bonne nouvelle, Directioners !

Pendant ses années d'études, Zayn était populaire, mais il a préféré passer du temps avec quelques amis très proches, plutôt que de faire partie d'un grand groupe d'amis. Il était également studieux et excellait en poésie, en lecture et en écriture. Il a terminé son secondaire un an plus tôt que prévu et l'intelligent Zayn a obtenu un A. Son amour de l'écriture n'est pas disparu depuis son arrivée avec 1D. En fait, il dit qu'il écrit encore plus facilement. Il aime plus que tout être en studio et trouve l'écriture de chansons similaire à l'écriture de poèmes à l'école.

Timide une minute, et confiant l'autre, Zayn a montré un talent précoce pour le chant et la scène et a joué dans une célèbre production scolaire de *Grease* aux côtés de son copain Aqib Khan, futur acteur principal de *West is West*. Inutile de dire que l'adolescent talentueux était entouré d'admiratrices à l'école. Et sa passion est toujours présente depuis qu'il a rejoint le groupe. Le professeur de musique de Zayn a repéré son potentiel très tôt, et a insisté pour qu'il participe aux auditions de *The X Factor* lorsqu'il avait 15 et 16 ans. Heureusement pour nous, Zayn s'est seulement senti prêt à auditionner à 17 ans. Le reste, comme on dit, appartient à l'histoire.

Zayn au Today Show de la NBC, New York, mars 2012. ★ ★ ★ ★ ★ ★ ★

Zayn dans sa ville natale de Bradford, décembre 2010. ★ ★ ★ ★ ★ ★

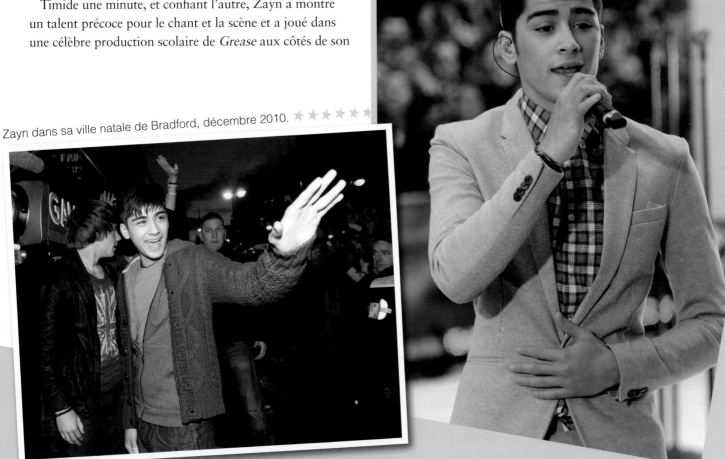

Ils sont peut-être des princes de la musique populaire conquérant le monde et se pavanant sur scène, mais quand on y pense, il n'y a pas si longtemps, les garçons de 1D étaient des gamins trottinant en couche. Les plus lointains souvenirs du cadet de la troupe, Harry Styles, sont un voyage à Disney Land et le temps passé à la maternelle, Happy Days, qui selon Hazza rendait justice à son nom.

Les parents d'Harry se sont séparés quand il avait sept ans et il a eu énormément de peine. Mais le souriant jeune homme ne fut pas triste trop longtemps. Il déménage avec sa mère et sa sœur dans la campagne du Cheshire et vit dans un pub (où sa mère est la maîtresse de maison). Il se lie d'amitié avec un garçon plus vieux que lui appelé Reg et ils passent leurs étés à se promener sur leur vélo à travers les petites routes de campagne et à visiter leur magasin préféré de crème glacée, là même où Harry a amené les garçons de 1D lorsqu'ils sont tous demeurés à la maison de sa mère au cours du camp d'entrainement de *The X Factor*.

Serait-ce une surprise de découvrir qu'Harry avait déjà du succès avec les filles dès son plus jeune âge ? Lors d'une interview à un journal, le père de Harry mentionne : « Nous sommes allés en vacances une fois à Chypre quand il avait neuf ans et lorsque nous sommes partis, il y avait plusieurs adolescentes de 16 ou 17 ans sur le côté de l'autobus qui disaient : "Bye Harry, nous t'aimons"…, il est clair qu'il est un peu spécial. »

L'astucieux Zayn, ou devrions-nous dire l'intelligent Zayny, avait toujours le nez dans un livre lorsqu'il était enfant. À huit ans, les experts lui ont dit qu'il lisait comme un garçon de 18 ans. Son grand-père était très fier de lui et lui demandait toujours de lire à haute voix devant la famille.

Un des premiers souvenirs de Niall est la séparation de ses parents lorsqu'il était âgé de cinq ans. Il a dû changer d'école, mais l'enjoué garçon, qui a déjà eu des pantalons de sport des Teletubbies (gênant), a conquis ses nouveaux amis grâce à son grand sens de l'humour.

Quelle surprise !, Louis était un petit impertinent à l'école maternelle. Il dit qu'il n'était pas exactement méchant, mais qu'il aimait être le clown de la classe. Il était aussi fou des Power Rangers et lorsqu'il est déménagé à Poole, dans Bournemouth, pendant son école primaire, il adorait l'endroit car il y avait des manèges et des jeux des Power Rangers à l'arcade au bord de la mer.

Le croiriez-vous ? Le sage Liam était un rebelle au cours de ses premières années à l'école. Le beau jeune homme aux cheveux bouclés admet qu'il a souvent eu des problèmes à l'école primaire et qu'il grimpait sur le toit de l'école pour commencer de nombreuses batailles d'eau.

Ne me dites pas que les garçons de One Direction ne sont pas surprenants !

Niall a développé son sens de l'humour très tôt dans la vie. ★ ★ ★ ★ ★

LES PREMIÈRES ANNÉES

À droite : Louis rend visite à son ancienne école, Hall Cross à Doncaster, en décembre 2010.

Ci-dessous : Harry avec une photo de lui enfant dans sa ville natale, Holmes Chapel, Cheshire, décembre 2010. ★ ★ ★ ★

LA MAISON

À la maison, c'est là que le cœur des garçons de 1D se trouve et, lorsqu'ils en ont la chance, ils retournent dans leurs vieilles affaires et redeviennent des garçons ordinaires.

Louis retourne à Doncaster dans le South Yorkshire pour revoir la Hayfield School, son ancienne école et ses copains de Hall Cross School. Harry regagne sa maison, dans la jolie région de Holmes Chapel, Cheshire. Niall vole jusqu'à Edgeworthstown, comté de Longford en Irlande, pour voir sa mère, et passe ensuite par Mullingar afin de revoir son père et ses anciens camarades de classe de Christian Brothers School. Liam retourne à Wolverhampton pour renouer avec ses copains et avec ses grandes sœurs Ruth et Nicola, tandis que Zayn se dirige vers le nord jusqu'à East Bowling, Bradford, pour se détendre avec sa famille et ses vieux amis de Tong High School.

Les garçons aiment le confort de leur maison et ils rechargent leurs batteries dès qu'ils ferment la porte derrière eux. Bien sûr, derrière chaque grand garçon de 1D se trouve une grande maman. À part transporter ces cinq magnifiques jeunes hommes partout dans le monde, les mamans de 1D leur donnent de l'amour, du soutien, des vêtements propres et servent parfois même une tasse de thé aux admirateurs qui campent devant leur maison.

La maman de Harry, employée de bureau, se nomme Anne Cox, ou Foxy Coxy! C'est la maman la plus célèbre de 1D et plus de 200 000 personnes la suivent sur Twitter. La maman de Liam, infirmière, se nomme Karen et est si fière de son bébé qu'elle finit souvent en larmes. Si elle avait apporté un seau pendant les auditions de Li à *The X Factor*, elle aurait pu le remplir pour ensuite arroser le jardin. Louis est très proche de sa maman bien-aimée, Johanna, alias Jay. Ils s'envoient des « textos » tout le temps et elle l'appelle « Boo ». Trop mignon. La maman de Zayn, Tricia, doit peut-être s'occuper de ses sœurs Doniya, Waliyha et Safaa, mais ça ne l'empêche pas de se déplacer à Londres pour faire ses corvées. Elle possède également un téléphone portable avec une photo de Zayn sur l'écran ! Et enfin, la mère de Niall, Maura : son plus beau moment a été d'accompagner Niall aux États-Unis à l'un des concerts du groupe et d'entendre les filles américaines crier le nom de Niall de toutes leurs forces.

★ ★ ★ ★ ★ One Direction visite Hall Cross School, à Doncaster où Louis a déjà été élève.

Les garçons visitant la maison d'Harry
à Holmes Chapel, Cheshire, en décembre 2010. ★★★★★★★★★★★★★★★★★★★★★★★★★★★★

THE X FACTOR : LES ESPOIRS SOLO

Les garçons de 1D se sont d'abord présentés aux auditions *The X Factor* 2010 dans l'espoir de réussir en solo.

À Manchester, Harry, 16 ans, se présente avec sa mère qui portait un chandail spécial mentionnant « Harry has X Factor ». Démontrant dès le début les qualités d'une vedette, il chante « Isn't She Lovely » de Stevie Wonder. Les filles dans la foule s'évanouissaient. L'ancienne Pussycat Doll, Nicole Scherzinger, qui était une juge invitée, l'a adoré. « Pour quelqu'un de 16 ans, vous avez une magnifique voix », lui dit-elle. Simon Cowell a été tout aussi impressionné. Louis Walsh était l'exception, il pensait qu'Harry était trop jeune pour aller au camp d'entraînement, mais cela n'a pas d'importance car Nicole et Simon le font passer à l'étape suivante.

L'audition de Liam à *The X Factor* 2010 fut un cas de seconde chance. Contrairement à 2008, où il portait les jeans trop grands du petit ami de sa sœur et était très nerveux, le jeune garçon de 16 ans avait du style grâce à des vêtements à la mode. Il a chanté « Cry Me A River », pas la version de Justin Timberlake, mais plutôt une version de blues jazzy chantée par une vieille chanteuse appelée Ella Fitzgerald. Les juges ne se doutaient pas que l'émotion qu'il avait mise dans sa performance avait beaucoup à voir avec le fait qu'il venait de découvrir qu'une fille qu'il aimait avait embrassé un autre garçon en cachette. Les juges étaient unanimes, Li avait passé.

Zayn, à 17 ans, apparut sur scène et chanta « Let Me Love You » de Mario. Encore une fois, les juges ont dit « Oui ! » Ce fut la même chose pour Louis, 18 ans, qui

a chanté « Hey There, Delilah » par The Plain White Ts. Quant à lui, Niall a chanté « So Sick » de Ne-Yo et le drame… Cheryl Cole n'a pas apprécié sa performance. Heureusement que la juge invitée Katy Perry a adoré : Niall passait aussi à la prochaine étape.

L'étape suivante consistait en un camp d'entraînement, mais en dépit des brillantes performances d'Harry et de Liam avec « Stop Crying Your Heart Out » d'Oasis, le jury a décidé de ne pas les faire passer à l'étape suivante, soit les visites dans la maison des juges. Zayn vécut un moment difficile lorsqu'il devait exécuter une danse de groupe au cours de son audition au camp d'entraînement ; il s'est caché en coulisse jusqu'à ce que Simon Cowell le persuade d'essayer à nouveau, mais ses mouvements n'ont manifestement pas impressionné les juges car son nom n'était pas inscrit sur la liste des participants chanceux qui passaient au tour suivant.

Les noms de Niall et de Louis n'ont pas été appelés non plus. Les cinq garçons avaient échoué et tous les cinq étaient dévastés. Jusqu'à ce que… la chance leur sourie ! Cinq garçons et quatre filles ont été rappelés devant Simon, Nicole Scherzinger et Louis Walsh. « Vous étiez trop talentueux pour que nous vous laissions partir », a déclaré Nic. Ils auront tous une autre chance, mais cette fois en tant que membre d'un groupe de garçons et de filles.

Les garçons se préparent à unir leurs forces en 2010. ★ ★ ★ ★ ★

Donc, un groupe est né. Liam, Louis, Harry, Niall et Zayn ont eu quelques
semaines pour apprendre à se connaître les uns les autres avant l'étape des visites
dans la maison des juges. Toutefois, comme ils provenaient tous de différentes régions
du pays, cela allait être difficile.

Heureusement, la famille Styles avait un plan : les garçons pouvaient tous emménager dans le bungalow situé dans le jardin de la mère et du beau-père d'Harry. Leur nouveau chez-soi n'avait qu'une chambre à coucher, mais la mère d'Harry, Anne, a installé plusieurs lits gonflables de sorte que tous les garçons avaient un endroit pour se reposer. Le bungalow pouvait se vanter de posséder sa propre piscine et c'était l'endroit parfait pour que les garçons se détendent et apprennent à se connaître les uns les autres.

Sans un professeur de chant à portée de main, les garçons ont admis qu'ils étaient assez désemparés lorsque est venu le temps des répétitions : ils ne savaient pas quel type de chansons répéter (à l'époque, ils ont chanté beaucoup de Bruno Mars et Jason Derulo) et ils ne savaient pas comment bien harmoniser le tout. Mais ces quelques semaines de cohabitation ont été précieuses pour leur permettre de créer des liens, sans parler de leur donner un avant-goût de ce que serait la vie s'ils parvenaient à passer à travers les étapes de prestations en direct sur le plateau et à emménager dans la maison *X Factor*.

À la résidence de Simon Cowell à Marbella, en Espagne, les garçons ont chanté « Torn » de Natalie Imbruglia pour Simon et sa douce, Sinitta. Liam et Harry étaient les chanteurs principaux et le groupe, malgré la nervosité, a très bien performé. « Ils sont géniaux, ils sont vraiment à leur place », a déclaré Simon dès que les garçons sont partis. Ils avaient réussi ! Pendant les prestations en direct, les garçons ont été magnifiques semaine après semaine, chantant avec succès des chansons de Bryan Adams jusqu'à Rihanna en y ajoutant leur touche unique 1D.

Le nombre d'admirateurs a augmenté de semaine en semaine et les cris du public en direct sont devenus de plus en plus forts. Avec seulement deux semaines restantes à la compétition, leur mentor, Simon, leur dit : « Vous êtes le groupe le plus excitant de tout le pays. » L'avenir se présentait très bien pour le nouveau groupe.

★★★★★ À droite : Les garçons montrent une variété de styles coordonnés. Ci-dessous : Le groupe avec Simon Cowell.

SOUS CONTRAT/
LA TOURNÉE X FACTOR

La semaine suivant les deux soirs de finales à *The X Factor* 2010 fut frénétique. Liam, Niall, Harry, Louis et Zayn semblaient sourire dans tous les kiosques à magazines et journaux et les présentateurs de télévision parlaient des garçons comme s'ils avaient déjà remporté la compétition.

1D, Rebecca Ferguson, Matt Cardle et Cher Lloyd se sont tous rendus en finale et nos garçons devaient chanter «She's The One» aux côtés de Robbie Williams, l'idole de Liam. Ce fut un moment fort de sa carrière. Lorsque les votes du public ont été annoncés le samedi soir, la tension était à couper au couteau. La première à rentrer à la maison fut Cher. Puis, vint le choc : la nuit suivante, Dermot a annoncé que 1D était le groupe suivant.

On pouvait presque entendre les soupirs de tous les admirateurs à travers le pays. Les garçons ont été rejetés mais ils étaient déterminés. «Ce n'est pas la fin de One Direction», a assuré Zayn tandis que l'auditoire de *The X Factor* les acclamait. Ce n'était que le début, selon Simon.

Dès leur retour en coulisses, les larmes ont commencé à couler. Seulement Liam a su se retenir puisqu'il avait déjà été dans une telle situation, sans compter qu'il avait l'intuition qu'il y avait plus à venir. Peu de temps après la fin du spectacle, les garçons de 1D ont été convoqués dans le bureau de Simon. Ils étaient aussi impatients d'entendre ce qu'avait à leur dire Simon que lors des visites dans la maison des juges. Les nerfs à fleur de peau, les larmes des garçons étaient prêtes à jaillir à nouveau. Toutefois, ils n'avaient pas à s'inquiéter. Simon leur a annoncé qu'il désirait le groupe sous contrat. Il croyait qu'ils pouvaient faire un malheur. Les garçons ont sauté de joie.

En janvier suivant, les garçons se sont envolés pour Los Angeles pour une période de cinq jours afin d'enregistrer des chansons pour leur premier album. C'était la première fois que chacun d'entre eux mettait les pieds dans les rues ensoleillées de Los Angeles et ce fut génial pour eux. Malgré une absence de moins d'une semaine et n'ayant jamais rien enregistré, les garçons ont été accueillis par une horde d'admiratrices en délire lorsqu'ils atterrirent à Heathrow; des centaines de filles s'agrippaient à eux et à leurs vêtements.

La foule est devenue tellement hystérique que leur directeur de tournée, Paul, a dû les sortir de l'aéroport dans un fourgon de police antiémeute. Ils devront d'ailleurs s'habituer à ce type de véhicule. Au moment où la tournée de *The X Factor* a débuté à Birmingham au printemps 2011, des hordes de partisans brandissant des affiches se sont déplacées pour les garçons, criant à tue-tête et leurs cris aigus ainsi que leurs chants firent grimper l'échelle de Richter en flèche.

Gauche : *X Factor* en direct au LG Arena, Birmingham, février 2011.

Une fois la tournée de The *X Factor* achevée, la prochaine mission pour les garçons était de terminer leur album et de sortir un premier simple spectaculaire.

« What Makes You Beautiful » sort en septembre 2011 et, oh mon dieu! monte directement au n° 1. Il fut le simple se vendant le plus rapidement de l'année, s'écoulant à plus de 150 000 exemplaires durant les sept premiers jours. Les garçons ont facilement battu le précédent détenteur du record, Bruno Mars, dont le simple « Grenade » s'est écoulé à 149 000 exemplaires. C'est d'ailleurs l'une des chansons qu'ils ont utilisée pour se pratiquer au moment de former le groupe !

« What Makes You Beautiful » est une chanson d'amour pour une fille qui ne sait pas qu'elle est vraiment jolie. Et parce qu'elle ne le sait pas et qu'elle est en fait assez timide, elle devient encore plus belle aux yeux des garçons, surtout lorsqu'elle bouge ses cheveux! La chanson a été accompagnée d'un beau vidéo-clip estival. Nous y voyons les garçons se taquiner et s'amuser sur la plage de Malibu en Californie (jaloux, nous?) et nous voyons également un gros plan individuel de chaque garçon. Nous imaginons facilement les cœurs des admiratrices d'Harry fondre au cours de la partie de la vidéo où il regarde dans les yeux une fille tout en chantant pour elle.

Les garçons se sont eux-mêmes fixé un défi: créer une musique qui ne ressemble pas à celle d'un groupe de garçons traditionnel, ou à toute autre vedette de la musique populaire. Ils y sont arrivés. Alors que le simple est accrocheur, ils ont également réussi à y inclure des accords de guitare rafraîchissants et un peu d'électro, tout en faisant un clin d'œil aux sons de groupes de garçons classiques tels que les Beatles et The Monkees.

La chanson n'est pas un succès qu'au Royaume-Uni. Elle est aussi en tête des palmarès irlandais et écossais, au Top 10 en Belgique, au Canada, et même à Down Under, en Nouvelle-Zélande et en Australie. Leur succès mondial débutait.

★ ★ ★ One Direction salue ses admirateurs à Oxford Circus, Londres, septembre 2011.

Lors d'un tournage vidéo à Anglesey, au Pays de Galles en janvier 2012.

Un gâteau pour les garçons au Heaven nightclub, Londres, septembre 2011. ★ ★ ★ ★ ★

TOURNÉE AU ROYAUME-UNI

Les cris faisaient trembler le toit du Wolverhampton Civic Hall, et ce, bien avant que les garçons arrivent sur scène.

C'était la première nuit officielle de la tournée *Up All Night*, le 21 décembre 2011, et les Directioners étaient prêts. Ce fut une occasion mémorable. Dès que le groupe est apparu sur scène, la foule criait encore plus tandis que le site s'illuminait de centaines de lumières d'appareils photo de téléphone cellulaire.

De nombreux admirateurs ont campé devant le lieu de l'évènement, luttant contre le froid hivernal depuis les premières heures du matin, mais ils n'ont montré aucun signe de fatigue. Pendant quelques secondes, 1D, accompagné par un orchestre, avait l'air en état de choc; « Wow ! » Ils rayonnaient à l'unisson.

Et puis, ils passèrent aux choses sérieuses. Les garçons ont débuté avec « Na Na Na » et la scène a été transformée en plage estivale avec une autocaravane. Un peu plus tard, les garçons se sont réunis autour d'un feu de camp pour chanter des versions acoustiques de certains de leurs plus grands succès. Ils ont également chanté quelques surprises, comme des reprises de The Zutons avec « Valerie », « Torn » de Natalie Imbruglia et « I Gotha Feelin » de Black Eyed Peas.

La deuxième partie du spectacle montrait les garçons « retourner à l'école » : la scène représentait un décor hivernal, et de faux flocons de neige ont même commencé à tomber du plafond, ce qui bien sûr a donné lieu à une bataille de fausses boules de neige avec les admirateurs ! Ils ont gardé « What Makes You Beautiful » pour la fin, avant un rappel spectaculaire sur fond de confettis tombant du ciel et recouvrant la foule.

Lorsque la tournée a été mise en vente en septembre dernier, les billets se sont vendus en quelques minutes seulement. Et l'excitation des admirateurs était évidente à voir – et à entendre ! Et ce, à chaque soir de la tournée qui a pris fin à Belfast le 26 janvier. Prochain arrêt : le monde !

Les garçons se rassemblent à la gare St. Pancras, à Londres en février 2012.

LES FANS DU ROYAUME-UNI

Comme nous le savons tous, les admirateurs britanniques de 1D sont des légendes. Ils suivent les garçons à travers chaque étape de leur périple, de leurs débuts remplis de nervosité à *X Factor* où ils ont écrasé la concurrence jusqu'au phénomène mondial qu'ils sont aujourd'hui.

Les admirateurs au Royaume-Uni étaient là bien avant que les garçons sortent un simple. Ils regardaient les vidéos sur YouTube, échangeaient des nouvelles et des potins sur Facebook, envoyaient des cadeaux – des carottes, Louis ? Un bikini de Borat, Zayn ? – et suivaient les garçons sur Twitter.

Les admirateurs britanniques ont élaboré leur propre nom aussi : les Directioners. En 2012, les fans du groupe ont aidé Liam, Louis, Zayne et Niall à gagner plus de quatre millions d'admirateurs chacun sur Twitter et ont contribué à ce que Monsieur Styles en ait plus de cinq millions. Les Directioners d'Angleterre constituent aussi une très grande partie des presque huit millions d'admirateurs Facebook et ont aidé les garçons à amasser des milliards de visionnements sur YouTube.

Les admirateurs britanniques sont présents depuis les débuts de *The X Factor*. Ils avaient l'habitude d'aller aux studios du nord de Londres pour chanter leur support pour les garçons avant les spectacles et essayer de les apercevoir avant qu'ils montent sur scène.

En ce qui concerne le groupe : leur message pour les admirateurs est : « Vous êtes fantastiques ! » Les garçons remercient souvent les Directioners en leur disant qu'ils ne seraient rien sans eux. En fait, il semble que les garçons s'intéressent presque autant à leurs admirateurs que les Directioners s'intéressent à eux. « Nous avons différents types d'admirateurs », dit Zayn. « Vous avez ceux qui se lèvent et crient… Ensuite, vous avez ceux qui sont plus calmes et qui veulent avoir une conversation avec vous… Et puis vous avez ceux qui sont nerveux et qui lorsqu'ils sont devant vous, crient et s'enfuient. »

Quelle que soit la catégorie à laquelle vous appartenez, les bonnes nouvelles sont que les garçons sont tous ouverts à une aventure romantique avec la bonne fille. Zayn dit : « Je ne pense pas que vous devriez sortir avec une fille selon qu'elle est ou non une admiratrice. C'est bien qu'elle soit une fan. Cela ne nous arrêtera pas. » Formez une file d'attente, mesdames !

★★★★★ Quelques fans de Doncaster et Manchester montrent leur dévouement pour le groupe.

En haut, de gauche à droite : Taylor Swift, Katy Perry, Nicole Scherzinger.

En bas : Harry lance un message subtil à Kim Kardashian lors d'une interview à la radio en Pennsylvanie, É.-U.

★ ★

LES FILLES

Question : Est-ce que les filles aiment 1D plus que 1D aime les filles ? C'est une question à laquelle il est impossible de répondre ! Les garçons sont vraiment magnifiques et la trame sonore de la vie entière de One Direction est constituée de cris stridents et de jeunes femmes en pâmoison, folles d'amour pour eux.

Mais les garçons se pâment aussi de temps en temps (et se mettent presque à crier). Les garçons ont avoué que le groupe craquait pour Katy Perry, Cheryl Cole et Nicole Scherzinger.

Le célibataire Harry aime bien parler de ses penchants ; ce n'est un secret pour personne qu'il aime les femmes plus mûres, comme le prouvent ses trois mois de relation très controversée (pour autant que les Directioners et les journaux sont concernés, de toute façon) avec la présentatrice télé dans la trentaine, Caroline Flack. Hazza a également avoué craquer pour Kim Kardashian, Angelina Jolie, Kate Moss et Kate Winslett. Il a également été relié à Taylor Swift et Rita Ora, qui ont eu toutes les deux le béguin pour lui.

Un jour, Zayn a plaisanté en disant qu'il avait eu son premier baiser à 17 ans, mais il a certainement rattrapé le temps perdu grâce à 1D. Suite à *The X Factor*, Zayn, comme Harry, sort avec une femme plus âgée, sa rivale de l'émission 2010, Rebecca Ferguson. En 2011, les rumeurs voulaient qu'il sorte avec Perrie Edwards de *The X Factor* 2011, du groupe gagnant Little Mix. Il aime certainement les filles de *The X Factor* ! Dans les premiers jours, Perrie et Zayn ont *tweeté* à propos de leurs relations, pour que tout le monde le sache, et se sont bécotés en public !

Niall, le membre le plus timide du groupe lorsqu'il s'agit de filles, s'est fait copain avec nulle autre que la superbe vedette hollywoodienne Demi Lovato : « Nous avons parlé. Elle est très sympathique alors je suis entré en contact avec elle », a-t-il dit timidement.

Mais, alors que Liam et Louis se sont donné rendez-vous pour aller voir le film de Katy Perry, *tweetant* tout le long du film sur la beauté de la chanteuse, il n'en demeure pas moins que ce qu'ils aiment le plus tous les deux c'est d'être assis calmement avec leur petite amie qu'ils fréquentent depuis longtemps. Eleanor Calder, copine de Louis, fait tellement partie de sa vie qu'elle est souvent désignée comme le sixième membre de 1D et ils sont toujours à se faire des adieux larmoyants ou des « bonjours » heureux dans les aéroports. Liam, quant à lui, étant le garçon le plus adulte dans le groupe, a emménagé avec sa petite amie Danielle Peazer.

Mais peu importe avec qui sortent les garçons, qui ils embrassent, avec qui ils emménagent ou de qui ils se séparent, cela ne fait aucune différence pour un type d'admirateurs : les mamans torrides ! Liam dit : « Les mamans n'ont pas peur. Elles nous saisissent et nous pincent. C'est assez délicat. Très gênant » !

Caroline Flack ★ ★ ★ ★

AMOUR FRATERNEL

Les Directioners aiment l'amour fraternel de 1D presque autant qu'ils aiment s'imaginer eux-mêmes sortir avec un des garçons.

Amour fraternel signifie bien sûr une étroite amitié, mais non romantique, entre deux garçons, et l'histoire d'amour non romantique la plus célèbre à l'intérieur de 1D se déroule entre Harry et Louis. Les deux sont si proches que les admirateurs ont réuni leurs noms pour n'en former qu'un seul : attention, « Larry Stylinson ». Les garçons se sont liés d'amitié presque aussitôt après leur rencontre lors de *The X Factor*.

Dans ses propres mots, Hazza dit : « Depuis que nous avons commencé à la Maison *X Factor*, Louis et moi avons toujours dit que nous voulions vivre ensemble. Et c'est ce qui est arrivé. « Il a même plaisanté lors d'une entrevue en disant que Louis était son béguin parmi les célébrités. L'amour fraternel a continué lorsque les garçons ont emménagé dans une garçonnière avec sa propre salle de cinéma, rien de moins. Et comme tout bon couple, ils s'occupent l'un de l'autre. Louis raconte : « Harry m'a appelé pour me dire que le thé était prêt ! Donc je ne cuisine pas beaucoup. Je suppose que je devrais commencer,

mais Harry le fait tellement bien que je n'ai pas besoin de le faire. »

Les deux copains sont si proches qu'aux États-Unis, les admirateurs ont d'abord pensé que « Larry » vivait une vraie relation, ce qui les fait bien rigoler tous les deux. Ils ne vivent peut-être pas une vraie relation amoureuse, mais la maman d'Harry dit que leur amitié est un vrai cadeau. « Ils sont comme des frères, ils se respectent et s'aiment véritablement l'un l'autre… À Noël, ils ont eu trois jours de congé, mais Louis appelait Harry pour voir ce qu'il faisait. C'est définitivement de l'amour fraternel. « Trop mignon ».

Les autres membres du groupe sont tous sujets à l'amour fraternel aussi. Ils sont de si grands amis, toujours en train de s'étreindre, de rire, d'aller au cinéma les uns avec les autres, et parfois même se taquiner en se pinçant. Alors, les admirateurs sont arrivés avec les noms réunis de toutes les relations fraternelles possibles au sein du groupe. Dites bonjour à Zarry, Narry, Lirry, Lilo, Nouis, Zouis, Ziall, Ziam et Niam !

★★★★★ Louis fait semblant de frapper Niall lors d'un concert à Mexico, juin 2012.

À droite : Les
admirateurs appellent
les meilleurs amis,
Louis et Harry,
"Larry Stylinson".

Ci-dessous : Aux
studios de la BBC
Radio 1, août 2011. ★ ★ ★

35

L'AMÉRIQUE LE COMMENCEMENT PARTIE 1

La réaction spectaculaire face à 1D en sol britannique laissait penser aux garçons et à leur impresario qu'ils étaient prêts à prendre l'Amérique, et ce, seulement à quelques mois de leur tout premiers débuts.

En novembre 2011, le groupe signe un gros contrat avec la maison de disques Columbia aux États-Unis et en janvier, les garçons reçoivent un appel des producteurs de l'émission extrêmement populaire *Today Show* qui veulent les voir apparaître à l'émission en mars. Les garçons se sont pincés pour être certains qu'ils ne rêvaient pas.

Ce n'est pas tout : les garçons ont aussi reçu un appel du groupe américain Big Time Rush qui leur demandait de les rejoindre lors de leur tournée américaine en février. BTR a sa propre émission de Nickelodeon et a déjà plusieurs succès sur les palmarès, de sorte que 1D savait que c'était une bonne affaire. Et puis vint un autre appel, cette fois de la part des producteurs de la populaire comédie américaine pour adolescents *iCarly* qui voulaient que les garçons fassent une apparition en tant qu'invités en janvier. Ce fut le début du délire 1D en Amérique et leur page Facebook américaine attirait des milliers de nouveaux admirateurs par jour.

Lorsque les garçons ont atterri à l'aéroport de Los Angeles pour filmer leurs scènes de *iCarly*, ils ont été accueillis par 500 fans scandant leur nom. 200 autres jeunes femmes hystériques ont réussi à se frayer un chemin près du plateau de *iCarly* pour chanter encore plus.

En février, lorsque les garçons ont atterri à Toronto, au Canada, pour la tournée *Big Time Rush*, une mania One Direction avait vraiment pris forme. Lors de leur apparition à MuchMusic, une chaîne de télévision canadienne, ils ont complètement mis la ville sens dessus dessous. La rue principale a dû être fermée en raison des milliers d'admirateurs enthousiastes qui étaient regroupés devant le studio.

Les choses sont devenues encore plus folles lorsqu'ils ont commencé leur tournée avec BTR. Ils ont fait 14 spectacles, en terminant à Orlando, en Floride, à la fin de février et le mouvement entourant le groupe était à son plus fort. Non seulement les admirateurs affluaient dans les auditoriums avec d'énormes sourires sur leur visage, mais la critique était aussi tombée sous le charme de 1D.

À gauche : Les garçons en coulisses au Patriot Centre, Virginie, États-Unis mars 2012.
Ci-dessous : sur scène au Patriot Centre.

Une fois la tournée terminée, 1D devait s'occuper de la promotion de son album. Au Natrick Mall à Boston, une foule incroyable de 5 000 admirateurs était au rendez-vous. Les garçons en étaient estomaqués.

Ensuite, ils ont dû penser à leur prestation au *Today Show*. À l'origine, les garçons devaient réaliser leur performance au célèbre studio 30 TV Rock dans le Rockefeller Center. Cependant, devant les milliers de Directioners américains, les producteurs ont été obligés de déménager la performance à l'extérieur du Rockefeller Plaza, près de la patinoire new-yorkaise qui apparaît dans des millions de films romantiques américains.

L'enthousiasme des admirateurs atteignait le point d'ébullition, les réseaux sociaux étaient en effervescence ; les Directioners prévoyaient être là en grand nombre. Et c'est alors que la police de New York fut impliquée. Lorsque 1D arriva à Manhattan le 12 mars, un jour avant la sortie de son album aux États-Unis, une gigantesque foule de 10 000 personnes s'était rendue sur la place et se répandit dans les rues environnantes.

L'équipe de l'émission a été sidérée. Ils n'avaient jamais vu ce genre de scène pour Justin Bieber et Lady GaGa, bien que tous les deux étaient très connus lorsqu'ils ont fait une performance et comptaient une série de succès à leur actif. Après le spectacle, les admirateurs ont pourchassé l'autobus de tournée du groupe à travers les rues animées, menaçant de le renverser lorsqu'il s'est arrêté à un feu rouge. Heureusement, ils n'y sont pas arrivés, et les garçons ont trouvé la situation extrêmement comique.

La productrice de *Today*, Melissa Lonner commenta : « One Direction est relativement inconnu, sans succès pour le moment. En fait, ils ont explosé, et tous les adultes disent : Qui sont ces gens, et comment peuvent-ils les connaître ? » Ils étaient d'ailleurs sur le point d'en savoir beaucoup plus !

Ci-dessous : Au Today Show, Toyota Concert Series, New York, mars 2012.
À droite : Liam et Zayn à une séance de signature de leur album à New York, mars 2012.

L'AMÉRIQUE, LE COMMENCEMENT PARTIE 2

L'AMÉRIQUE : BATTRE DES RECORDS, FAÇONNER L'HISTOIRE

En mars 2012, 1D entrait dans l'histoire américaine en devenant le premier groupe britannique à commencer au sommet du Billboard.

Pas même Coldplay, les Spice Girls ou un groupe peu connu appelé The Beatles n'y sont parvenus. Dans sa première semaine, *Up All Night* a vendu près de 180 000 exemplaires, tandis que « What Makes You Beautiful » remontait le classement des simples avec brio. Le plus haut classement pour un album britannique avant *Up All Night* fut réussi par *Spice*, des Spice Girls, qui a atteint la 6ᵉ place en février 1997 avant d'atteindre le sommet. C'est maintenant officiel : l'Amérique a adoré 1D.

Les billets pour la tournée *Up All Night* se sont vendus comme des petits pains chauds dans une mer d'adolescents affamés. Ils ont tous disparu dès leur mise en vente.

Le délire 1D était aussi grand, sinon plus grand que la fièvre Bieber, et la célébrité soudaine des garçons fut soudainement comparée à celle des Beatles. Les journaux ont comparé l'arrivée du groupe aux États-Unis aux scènes folles provoquées par l'arrivée du légendaire quatuor aux États-Unis pour la première fois en 1964.

Mais tandis que les garçons attiraient toute l'attention, le groupe très terre à terre ne laissa pas les comparaisons avec les Beatles leur monter à la tête. Lors d'une interview dans un journal, Harry dit : « Cela nous semble ridicule, parce qu'ils sont de grandes idoles.

Mais nous avons regardé le film américain de leur premier voyage et il y avait des similitudes. Nous sommes aussi proches qu'eux même si nous ne sommes pas ensemble depuis longtemps. »

Cependant, les garçons ne sont pas encore au même point que les Beatles. Le premier album de 1D aux États-Unis s'est vendu à plus de 700 000 exemplaires tandis que *The Beatles* a atteint près de 1,5 million de ventes. Les Beatles ont aussi obtenu un n° 1 avec leur premier simple « Love Me Do ». Un défi à réussir pour l'ambitieux groupe 1D.

Les admirateurs américains à la remise des prix annuels de Nickelodeon Kids Choice Awards, Los Angeles, mars 2012. ★ ★ ★ ★ ★

LA TOURNÉE AMÉRICAINE
UP ALL NIGHT TOUR

Au moment où 1D touchait le sol du Connecticut en mai 2012 pour la soirée d'ouverture de la tournée américaine *Up All night*, le nom des garçons était sur toutes les lèvres.

Non seulement ils avaient un album n° 1 et leur chanson « What Makes You Beautiful » était n° 4 dans les palmarès, mais ils avient également fait une apparition à l'émission *Saturday Night Live* (qui attire des millions et des millions de téléspectateurs, donc ce n'était pas mal du tout pour les faire connaître encore plus !) et ils avaient été pris dans une querelle très médiatisée avec The Wanted, un groupe de garçons rival dont le simple *Glad You Came* s'est hissé jusqu'à la position n° 3.

Les admirateurs américains ont adoré le spectacle des garçons : la première partie sur la plage, une section intermédiaire à l'école secondaire et l'acte final où des flocons de neige tombaient du ciel. Quelques soirs après le début de la tournée, au Patriot Centre à Fairfax, les cris des jeunes filles ont été enregistrés et ils atteignaient 122 décibels. C'est assez fort, en effet. Et tandis que les garçons se produisaient sur scène, le public, dans une gamme de t-shirts portant des messages de « Je t'aime, Niall » à « Madame Harry Styles », lançait des bâtons lumineux, des casquettes de baseball, des peluches et des drapeaux vers leurs idoles.

Alors que la tournée continuait, l'hystérie a augmenté et les fans trouvaient de plus en plus de moyens de se rapprocher des garçons. Une fille se cacha même dans les poubelles des garçons dans l'une des salles où ils réalisaient une performance. Eh oui, vous avez bien lu. La fervente admiratrice s'est cachée dans la poubelle dans l'espoir de se faufiler à travers les portes arrière de la salle pour les voir. Imaginez, si elle avait réussi. Heu ! Maintenant, l'équipe de sécurité s'assure de vérifier régulièrement les poubelles. Un autre groupe d'admirateurs américains a réservé une chambre dans le même hôtel que les garçons, tandis qu'une bande de filles sont allées encore plus loin et se sont habillées en membres du personnel de l'hôtel dans l'espoir d'apercevoir Zayn, Niall, Harry, Liam et Louis. Ça alors !

Ci-dessous : One Direction en concert au Susquehanna Bank Centre, New Jersey, États-Unis, mai 2012.
★★★★★ À droite : Zayn et les garçons performant au Beacon Theatre, à New York en mai 2012.

À gauche : Montrant
leurs couleurs au
Fountain Studios,
Londres, novembre
2011.

Ci-dessus : Les
garçons en complet
et cravate au GQ
Men of the Year
Awards, Londres
septembre 2011. ★ ★

LEUR STYLE

Les garçons de 1D ont du style et le sens de la mode. Ils ont aussi cinq styles très distincts qui reflètent chacune de leur personnalité.

Venant d'un quartier chic de Cheshire et après avoir été dans un groupe avant de faire partie de One Direction, il n'est pas surprenant que Harry ait l'air d'une vedette de musique populaire. Même lorsqu'il s'est présenté aux auditions de *X Factor* en 2010, il avait du style avec sa longue écharpe et ses beaux cheveux bouclés. Maintenant, Harry favorise les jeans à jambes étroites, un blazer, qui est sa marque de fabrique, et quand l'envie lui prend, un nœud papillon.

Le style de Louis s'est aussi démarqué lors des auditions de *X Factor*. Cependant, il a maintenant troqué sa célèbre coupe au bol pour un style désordre super cool. En 2010, Louis aimait porter un chapeau décontracté ou un bonnet et une chemise en jean ouverte sur un t-shirt. Maintenant, il est connu pour aimer le look nautique. Il porte souvent un pull rayé breton et une paire de jeans à jambes étroites ou de lumineux pantalon chino. Il a aussi été connu pour porter des bretelles sur ses t-shirts serrés, ce qui ne devrait pas fonctionner, mais le fait très bien. Probablement parce que cela reflète son grand sens de l'humour.

Soucieux de son style, Zayn, avec sa coupe de cheveux, a souvent l'air tout droit sorti d'un film hollywoodien. Donc pas de surprise, il favorise un style plutôt américain.

Fanatique d'entraînement, il possède d'ailleurs des centaines de paires de chaussures montantes qu'il aime coordonner avec une paire de jeans et une veste universitaire qui porte son nom.

Le terre à terre Niall souhaite davantage avoir du plaisir que ressembler à un modèle ou montrer ses pectoraux. Donc il porte généralement un polo et un jean. Qu'en est-il de Liam ? Il aime porter une chemise à carreaux et des jeans et laisser ses cheveux naturellement bouclés en désordre.

La seule occasion où les garçons nous ont fait un défilé de mode, c'est lorsqu'ils ont porté des pantalons de sport coordonnés pour prendre l'avion. Oh, et aussi la fois où ils ont échangé leurs vêtements pour un événement en Nouvelle-Zélande durant la tournée *The Up All Night*. Niall portant le t-shirt rayé de Louis ? Brillant, mais un peu déroutant !

Les tatouages de Zayn et Harry. ★ ★ ★ ★

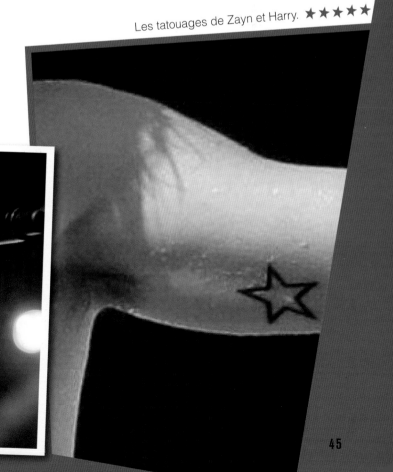

45

Il fallut moins de six mois à 1D pour conquérir les États-Unis. Une réalisation que n'ont pas réussie beaucoup de groupes étrangers.

Par exemple Robbie Williams, qui fût le mentor des garçons lors de la finale de *X Factor*, a dû être vert de jalousie de les voir prendre d'assaut le pays. Les choses allaient de mieux en mieux aux États-Unis. Au cours de l'été 2012, « What Makes You Beautiful » venait tout juste d'arriver et le simple s'est vendu à plus de 2 millions d'exemplaires aux États-Unis.

Pendant ce temps, durant la tournée *Up All Night*, le DVD en direct de celle-ci battit un autre record à son arrivée sur les tablettes. Il a été nommé le premier DVD de musique à atteindre le numéro 1 du Billboard la première semaine. Alors que le disque du chanteur américain John Mayer était en tête des palmarès avec 65 000 ventes, le DVD de 1D s'est vendu à 76 000 exemplaires. Fantastique !

Mais les admirateurs adorant 1D ne proviennent pas tous du Royaume-Uni ou de l'Amérique. Les cinq garçons lançaient des flèches de Cupidon dans le cœur des fans de partout sur la planète. Nous savons tous à quel point *Up All Night* va bien aux États-Unis et au Royaume-Uni, mais saviez-vous qu'il est également en tête des palmarès de ces pays : Canada, Croatie, Irlande, Italie, Mexique,

Suède, Nouvelle-Zélande et Australie ? Le groupe a atteint le Top 10 en Belgique, au Danemark, aux Pays-Bas, en Finlande, en Grèce, en Hongrie, en Pologne, au Portugal, en Écosse et en Espagne, et a atteint le Top 20 en Autriche, en République tchèque, en France, en Allemagne, en Norvège et en Suisse.

Les fans australiens sont aussi fous des garçons que les Directioners du Royaume-Uni et des États-Unis. Quand les garçons ont atterri à Sydney en avril pour participer à une émission télévisée, la scène était irréaliste. Les rues de Sydney étaient remplies d'adolescentes brandissant des affiches et déclarant à haute voix leur amour pour les garçons. La même scène se déroula à l'extérieur de l'Hôtel Four Seasons à Mexico quand les garçons atterrirent pour la première fois dans ce pays, et la même histoire se passa en Norvège où les garçons furent assiégés par les admiratrices féminines brandissant le drapeau national.

Alors, ce ne fut une surprise pour personne, en juin 2012, lorsque l'équipe de 1D a annoncé que la tournée *Up All Night* avait vendu près de trois millions d'exemplaires à travers le monde. Maintenant, que leur reste-t-il à conquérir ? Mars ?

Des admiratrices émotives à Sydney, Australie, avril 2012.

À LA CONQUÊTE DU MONDE

Ci-dessous : Des partisanes sautant de joie au Hisense Arena, Melbourne, Australie, avril 2012.
Ci-dessus : Les garçons causant tout un émoi à l'émission radiophonique NRJ, Paris, février 2012.

SUCCÈS ET DISTINCTIONS

C'était le 21 février 2012. Le lieu : O2 Arena de Londres. L'occasion : les BRIT Awards, aussi connus comme étant la plus importante soirée de récompenses au calendrier musical britannique.

Zayn Malik, Niall Horan, Louis Tomlinson, Liam Payne et Harry Styles étaient assis sur l'une des tables circulaires des vedettes. One Direction n'avait sorti son premier simple que six mois auparavant, mais les garçons étaient assis au milieu de vedettes mondiales de la musique populaire au même titre qu'Adele et Rihanna.

Les garçons étaient en compétition pour le meilleur simple britannique avec leur chanson « What Makes You Beautiful » avec entre autres Adele et son immense succès « Someone Like You » ainsi qu'avec The Wanted avec « Glad You Came ». Les garçons humbles ont croisé leurs doigts et leurs orteils, mais ne croyaient pas qu'ils avaient une chance de remporter le trophée. Cependant, lorsque Tinie Tempah apparut sur scène pour annoncer le gagnant, ils ont eu une grande surprise. Tinie a nommé leur nom et les garçons se sont tous levés en sautant comme des sauterelles, fous de joie.

Pendant qu'ils se dirigeaient vers la scène, ils se sont calmés et en regardant tout l'éventail de vedettes en costume, ils ont remercié leurs admirateurs et leur équipe. « Je ne peux pas croire que nous soyons ici », dit Louis.

Dans les coulisses, lors de la conférence de presse des BRITS après le spectacle, Harry commenta : « Cette partie de notre succès n'est pas normale. Nous avons 18, 19 et 20 ans. Les gens comme nous n'ont pas l'occasion de faire des choses comme ça très souvent. Nous sommes tellement reconnaissants pour cette formidable opportunité. » Mais les journalistes n'avaient qu'une question en tête : quel garçon de 1D allait garder le prix ? « Nous allons le diviser en cinq morceaux », a plaisanté Louis. « Je veux sa tête », a ri Niall.

Nous n'aurions pas blâmé les garçons de vouloir aller fêter ça en ville et boire quelques bouteilles de champagne après leur victoire, mais le groupe très terre à terre a fêté ça au… McDonald. « Nous sommes en fait très ordinaires », a déclaré Niall.

Le BRIT ne fut pas la seule récompense remportée par les garçons en 2012. Ils ont aussi ramené à la maison le prix du nouvel artiste anglais favori ainsi que celui de groupe favori lors du Nickelodeon Kids' Choice Awards ainsi que le trophée du meilleur groupe, de la meilleure percée et du meilleur vidéo-clip pour « What Makes You Beautiful » au 4Music Awards. Ils ont également remporté des prix aux Teen Choice Awards et aux MuchMusic Video Awards en Amérique et au Canada.

S'ils continuent comme ça, les garçons devront s'acheter une nouvelle maison pour placer l'ensemble de leurs récompenses.

1D sous le soleil de la Californie au 25e Nickelodeon' Annual Kids Choice Awards, à Los Angeles, mars 2012.

Ci-dessus à gauche : One Direction au BRITS, Londres, février 2012.
Ci-dessous à gauche : Faisant une prestation à la BBC Radio 1 Teen Awards, Wembley Arena, Londres, octobre 2011.

PRODUITS DÉRIVÉS DE 1D !

Les poupées One Direction saluent les fans à la foire du jouet à l'Olympia, London, janvier 2012.

En 2011, les Directioners furent tout excités d'apprendre que la société Hasbro annonçait qu'elle faisait une version en plastique du groupe. Les petites figurines des garçons devinrent le cadeau de Noël le plus demandé cette année-là. Le Père Noël a d'ailleurs reçu quelques demandes à son bureau au pôle Nord. En plus de livres comme celui-ci, les visages de 1D ont également orné des étuis à crayons, des étuis pour téléphones mobiles, des bracelets, des colliers, des breloques, des boucles d'oreilles, des tasses, des assiettes, des housses de couette, des crayons, des calendriers, des cartes d'anniversaire, des boîtes à lunch et des décorations mangeables pour gâteau.

Lorsque les garçons ont sorti leur calendrier 2012 officiel en décembre 2011, il est devenu le calendrier le plus vendu de tous les temps, battant celui de Cheryl Cole 2011 et (chuchotons-le…) le calendrier officiel de *X Factor* 2011. Eh bien, voir les visages souriants de ces magnifiques garçons lors d'un weekend pluvieux en mars contribue certainement à la bonne humeur. Tout ce que touche 1D se change en or. En avril 2011, les garçons se sont fait demander de devenir les ambassadeurs de Pokémon Noir et Blanc sur Nintendo DS, ce qui n'était pas trop difficile pour eux car ils adoraient déjà jouer à ce jeu. Ils ont également fait la promotion de deux téléphones Nokia édition limitée contenant du matériel exclusif de 1D.

Non seulement ont-ils été immortalisés comme poupées et décorations de gâteau, mais les garçons ont également été transformés en personnages de dessins animés. *The Adventurous Adventures of One Direction* est un dessin animé créé par un animateur célèbre aux États-Unis, qui remporte un énorme succès sur YouTube. Dans le dessin animé, les cinq garçons jouent des personnages de superhéros avec un suzerain basé sur le personnage de Simon Cowell. Les garçons ont aimé autant que leurs admirateurs. « Nous avons adoré », a déclaré Liam. Et il pourrait y avoir encore plus de dessins animés avec nos propres voix à l'avenir. Y a-t-il quoi que ce soit que le groupe ne peut pas faire ?

LA VIE SOUS LES PROJECTEURS

Depuis leurs tout premiers débuts, la vie pour 1D ressemble à un tourbillon enivrant de tournées, d'enregistrements, de répétitions, de promotions et visites, le tout accompagné par le bruit des flashs des paparazzis et des cris stridents de leurs admirateurs : un rêve devenu réalité pour les cinq garçons qui, il y a quelques années, étaient des écoliers ordinaires.

Même si les garçons doivent régulièrement se pincer pour croire à quel point la vie a changé pour le mieux pour eux, ils admettent que la vie sous le feu des projecteurs peut être difficile aussi. Niall, par exemple, a révélé que d'être dans le vif du délire de 1D le rend nerveux.

Les garçons sont assiégés par les filles réclamant, et parfois volant, un baiser partout où ils vont et, une fois, Niall s'est retrouvé au milieu d'une mêlée de fans tirant sur ses vêtements. Il admet : « Je suis devenu claustrophobe et c'est parfois un peu effrayant. »

Et tandis que les garçons n'aiment rien davantage que de voyager à travers le monde et visiter de nouveaux pays, il y a une ombre au tableau : le décalage horaire. Voyager entre les fuseaux horaires joue énormément sur leur horloge biologique, comme Niall l'a découvert après être rentré à la maison après la tournée *Down Under* au printemps 2012. Bonne nuit tout le monde ! Je vous aime tous ! Je souffre énormément comme si j'avais combattu pendant 12 rounds avec Tyson ! a-t-il *tweeté*.

La vie est passionnante pour 1D, mais pas toujours glamour. Pendant les périodes particulièrement chargées des tournées, les garçons n'ont parfois pas plus de deux heures de sommeil par nuit. Et lorsque le groupe a terminé la première étape de leur tournée *Up All Night* en avril 2012, ils étaient épuisés. « Nous sommes fatigués et avons besoin de temps pour nous détendre », a déclaré Harry, ensommeillé, à Radio 1.

Par contre, malgré le décalage horaire et le fait de rester littéralement debout toute la nuit – ce qui amène les garçons à se sentir parfois fatigués – ils savent tous que c'est un petit prix à payer pour vivre leur rêve. Comme Zayn a dit : « Depuis que nous formons un groupe, nous sommes devenus les cinq meilleurs amis… nous sommes sur la route et nous faisons quelque chose que nous aimons tous les jours, donc pour nous c'est vraiment génial. »

Ci-dessous : Le groupe à la première mondiale du film *Harry Potter et les Reliques de la Mort* : Partie 1, Londres, novembre 2011.
À droite : Assiégés par les admirateurs au Real Radio, Manchester, Royaume-Uni en août 2011.

TEMPS LIBRES

54

Même si les garçons de 1D adorent leur travail quotidien, ils aiment aussi faire une coupure. Et lorsque les garçons ne sont pas en tournée ou en direct à la télévision ou à la radio, ils savent comment tirer le meilleur parti de leur temps libre.

Harry n'aime rien de plus que d'aller faire une balade à bord d'une superbe voiture. Pendant la tournée des garçons aux États-Unis à l'été 2012, le magnifique garçon aux cheveux bouclés s'est fait voir filant dans les rues au volant d'une Ferrari noire valant environ 200 000 $. Pas de surprise, il s'est lui-même offert une très chic Audi R8 pour se balader près de chez lui ! Il a aussi appris à skier depuis qu'il a rejoint le groupe.

Lors de la tournée australienne, ils ont connu les yachts, endroit idéal pour se dorer au soleil et faire de la plongée sous-marine ! En tournée aux États-Unis, les garçons sont retournés à l'eau : cette fois pour aller à la pêche, où Liam, malgré le fait de tenir une canne à pêche dans les mains pour la deuxième fois dans sa vie, a attrapé un requin de 6 mètres (qu'il rejeta à l'eau) ! Le garçon aux yeux bruns ne pouvait contenir son excitation. « Nous avons eu beaucoup de plaisir » a-t-il dit. « Nous sommes allés pêcher pendant

une demi-heure et il ne se passait rien du tout. Puis, j'ai sorti un bébé requin-tigre. »

Quand ils ne sont pas sur scène, Liam et Louis aiment prendre part à des activités qui leur donnent un autre type d'adrénaline. Et nous ne parlons pas seulement de manèges, bien que les garçons aiment les parcs d'attractions. Nous parlons ici de saut à l'élastique de 60 mètres ! Les deux membres du groupe ont d'ailleurs fait un saut à l'élastique quand ils ont visité Auckland en Nouvelle-Zélande au printemps 2012. Vertigineux.

Cependant, ils n'ont pas seulement des passe-temps de superhéros. Les garçons ont tous des plaisirs coupables secrets. Harry aime se détendre en regardant Jeremy Kyle, Liam et Louis sont obsédés par les jeux PlayStation, Zayn aime lire des bandes dessinées « ringardes » et le dessin, et Niall adore regarder ses DVD préférés de Westlife. Vous voyez, ils sont comme nous, après tout !

Les garçons profitent d'un peu de temps libre en avril 2012.

LES ADMIRATEURS CÉLÈBRES

Ce ne sont pas seulement les hordes de Directioners qui aiment les garçons. Le groupe a aussi plusieurs admirateurs très célèbres. Un de leurs plus grands admirateurs est lui-même un véritable phénomène de la musique populaire, Justin Bieber.

Une semaine, Niall et le groupe répètent leurs chansons pendant le camp *X Factor* et l'autre, Justin Beiber suit les garçons sur Twitter et dit à qui veut l'entendre combien ils sont merveilleux.

« Ils ont fière allure, ils chantent bien et, lorsque vous ajoutez à cela leur accent britannique, les filles américaines sont toutes folles d'eux » a déclaré Bieber dans les journaux. « One Direction sont de véritables bons garçons. L'industrie a besoin d'un nouveau groupe de garçons, et à la fin de cette année, ils seront le plus grand groupe de garçons dans le monde. » Bieber, qui est aussi bon copain avec les princesses de la pop Carly Rae Jepson et Taylor Swift, a également confessé : « Je sais déjà que l'une des plus grandes artistes au monde pense que Harry est vraiment craquant, mais j'ai promis de garder le secret ! »

Ce ne sont pas seulement les admiratrices qui sont folles de Hazza… Rihanna en fait également partie. « Harry, oui. J'ai regardé leurs vidéos et je me souviens avoir pensé : "Wow, c'est une vedette" a-t-elle mentionné en interview.

« Il semble très sûr de lui. Ça semble vraiment naturel pour lui ».

Bizarrement, le rappeur mauvais garçon Dappy apprécie beaucoup le groupe. « En tant que chanteurs, ils sont tout simplement incroyables. J'aime très certainement One Direction », a-t-il déclaré à la radio Hits. L'ancienne Pussycat Doll Nicole Scherzinger, qui faisait partie des juges qui ont formé le groupe, dit : « Je n'arrête pas de me taper dans le dos pour cela. Ils sont cinq grands chanteurs et ont très fière allure au sein d'un groupe. »

Et comme si cela ne suffisait pas, le roi du groupe de garçons Les Beatles, Paul McCartney, est un admirateur de 1D et dit d'eux qu'ils sont « le prochain grand groupe ». Ça ne s'arrête pas là ! Les garçons ont même conquis la Première Dame des États-Unis. Michelle Obama et ses filles, Sasha et Malia, sont de grandes admiratrices de 1D. Elles les auraient même invités à la Maison Blanche pour la traditionnelle chasse aux œufs de Pâques !

La Première Dame Michelle Obama avec ses filles Sasha et Malia. ★★★★★

★★★ Dans le sens horaire : Sir Paul McCartney, Rihanna, Justin Bieber et Dappy.

L'AVENIR

Directioners, à vos lunettes de soleil, l'avenir des garçons s'annonce super brillant. Encore plus d'albums à succès, plus de récompenses, des tournées mondiales grandioses, des films… Le groupe vit en mode rapide et le monde leur appartient.

Avec un album à succès mondial à leur actif, les garçons ont passé la plupart de l'année 2012 à travailler sur d'autres projets (auxquels tout le monde, du Britannique Ed Sheeran à Justin Bieber, voulait participer), aux sons plus grunge, plus matures. C'était d'ailleurs leur but pour 2013 et pour le futur.

Les garçons rêvent de continuer à écrire leurs propres chansons et, un jour, ils aimeraient aussi jouer de leurs propres instruments. Harry dit : « Nous écrivons toujours sur la route, dans les hôtels et les aéroports. Nous ne voulons plus que notre musique sonne comme si elle avait été écrite et nous avait été donnée par un homme de 40 ans travaillant dans un bureau. Il n'en est pas question. »

Les gars étaient impatients de prendre la route avec les chansons du deuxième album lors de leur super tournée mondiale 2013. Prouvant que leur succès est sans cesse croissant, la tournée s'est vendue en quelques secondes. Et avec plus de 100 spectacles à travers le monde, y compris six nuits au O2 Arena de Londres, c'était aussi important pour les Directioners que ça l'était pour le groupe lui-même.

Quand la tournée a été mise en vente au Royaume-Uni et en Irlande en 2012, plus de 300 000 billets ont été vendus le premier jour. Les garçons ont donc été contraints d'ajouter des dates supplémentaires en Amérique du Nord en raison de hordes de Directioners voulant des billets, et lorsque la tournée a été mise en vente en Australie et en Nouvelle-Zélande, la vente des billets a accumulé des millions de dollars et les 190 000 billets se sont vendus en un temps record.

Les garçons travaillent en permanence sur de nouvelles façons de nous surprendre. On entend même dire que les garçons désirent recruter un sixième membre : un membre à quatre pattes ! Les garçons disent qu'ils aimeraient vraiment amener un chien 1D en tournée avec eux. Et plusieurs rumeurs courent sur un avenir dans le cinéma. En fait, les admirateurs ont de quoi être excités. Les garçons sont là pour rester, Directioners. Accrochez-vous et ne lâchez pas…

★★★★★ *L'avenir s'annonce très prometteur…*

SAVIEZ-VOUS... ?

Les garçons appellent Liam « le Gary Barlow du groupe ».

Harry arrive à jongler.

Harry voulait être avocat.

Niall voulait être un ingénieur du son.

La tournée mondiale 2013 des garçons a vendu un demi-million de billets en deux heures.

Liam sait faire du « beatbox ».

La première chanson que Liam a chantée en public était « Let Me Entertain You » au cours d'une compétition de karaoké à un camp de vacances lorsqu'il avait six ans.

Zayn a déjà joué le rôle de Bugsy dans une production scolaire de *Bugsy Malone*.

Les garçons ont mis au défi Liam d'introduire les mots « Rodney » et « Del Boy » dans une de leurs chansons lors de la tournée *X Factor*, et il l'a fait.

Niall parle français.

Louis est le membre le moins propre du groupe et il sent mauvais des pieds.

Harry aime les femmes matures et donnerait rendez-vous à une femme de 43 ans.

Zayn a eu son premier baiser debout sur une brique.

À l'école, Louis faisait partie d'un groupe appelé The Rogue.

Louis a été suspendu de l'école une fois et a dû reprendre sa douzième année.

Lorsque les garçons ont habité le bungalow d'Harry avant le camp d'entraînement de *The X Factor*, ils vivaient de PFK et de nouilles.

Harry a eu sa première petite amie à l'âge de six ans. Il lui a acheté un ours en peluche.

Le succès des garçons «What Makes You Beautiful» a été présenté dans un épisode de *Glee*.

Les cheveux d'Harry étaient blonds quand il était tout petit.

Niall est le membre de la bande qui *tweet* le plus.

S'il n'avait pas été une vedette de la musique populaire, Liam aurait voulu être pompier.

Harry possède des sous-vêtements dorés à motifs de serpent.

Niall était un partisan de l'ancien candidat de *X Factor*, Lloyd Daniels, en tournée.

Liam a peur des cuillères.

Les faits saillants de la carrière du groupe apparaissent dans l'émission d'Alan Titchmarsh.

Zayn a neuf tatouages et il veut une « manche ».

S'il faut qu'il ait 20 enfants avant d'avoir un garçon, Louis est prêt à les avoir.

Quand Liam avait 12 ans, il a battu un coureur professionnel adulte dans une épreuve de cross-country.

L'un des jouets préférés de Liam lorsqu'il était petit était sa poupée Buzz L'éclair.

Quand Liam était en quatrième, il a donné rendez-vous à une fille de sixième.

JEU-QUESTIONNAIRE SUR 1D

Vous pensez tout savoir sur les garçons ?
Pourquoi ne pas tester vos connaissances avec ce jeu-questionnaire ?

1. Quel membre de 1D a un père appelé Des ?
....

2. Sur quelle plage les garçons ont-ils filmé le vidéo-clip de la chanson « What Makes you Beautiful » ?
....

3. Qui a joué Buzz L'éclair dans la production scolaire *Chitty Chitty Bang Bang* ?
....

4. Qui a auditionné deux fois à *The X Factor* ?
....

5. Quel membre de 1D est né la veille de Noël ?
....

6. Quel membre de 1D n'a pas de sœurs ?
....

7. Lorsque les membres du groupe ont été accueillis par des hordes d'admirateurs en délire aux États-Unis, à quel légendaire groupe ont-ils été comparés ?
....

8. Qui est le plus grand admirateur de Justin Bieber dans le groupe ?
....

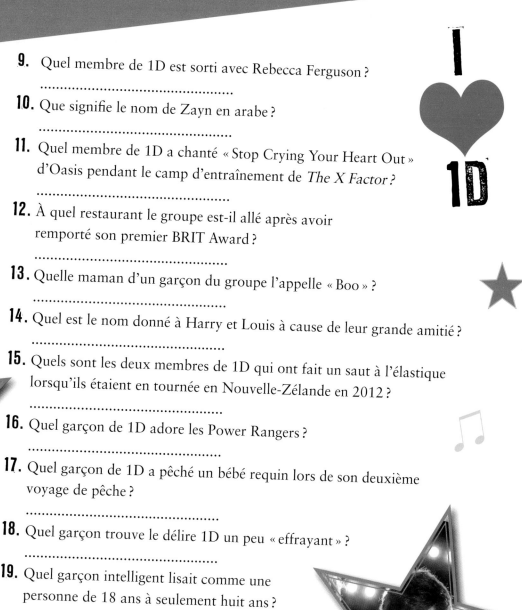

9. Quel membre de 1D est sorti avec Rebecca Ferguson ?

....

10. Que signifie le nom de Zayn en arabe ?

....

11. Quel membre de 1D a chanté « Stop Crying Your Heart Out »
d'Oasis pendant le camp d'entraînement de *The X Factor* ?

....

12. À quel restaurant le groupe est-il allé après avoir
remporté son premier BRIT Award ?

....

13. Quelle maman d'un garçon du groupe l'appelle « Boo » ?

....

14. Quel est le nom donné à Harry et Louis à cause de leur grande amitié ?

....

15. Quels sont les deux membres de 1D qui ont fait un saut à l'élastique
lorsqu'ils étaient en tournée en Nouvelle-Zélande en 2012 ?

....

16. Quel garçon de 1D adore les Power Rangers ?

....

17. Quel garçon de 1D a pêché un bébé requin lors de son deuxième
voyage de pêche ?

....

18. Quel garçon trouve le délire 1D un peu « effrayant » ?

....

19. Quel garçon intelligent lisait comme une
personne de 18 ans à seulement huit ans ?

....

20. Est-ce que les garçons sortiraient avec une fan ?

....

Si vous avez obtenu...

17-20 : Bravo : vous êtes le plus grand fan des garçons !

13-16 : Vous avez essayé de la jouer cool, mais votre amour pour les
garçons est évident.

12 et moins : On ne peut nier que vous adorez les garçons, mais vous avez
encore besoin d'en savoir un peu plus sur les membres de 1D. En soi, ce
n'est pas une mauvaise nouvelle, non ?

Réponse :
1) Harry ; 2) Malibu, Californie ; 3) Harry ; 4) Liam ; 5) Louis ; 6) Niall ; 7) The Beatles ;
8) Niall ; 9) Zayn ; 10) Très beau ; 11) Liam et Harry ; 12) McDonald ; 13) Louis ; 14) Larry Stylinson ;
15) Liam et Louis ; 16) Louis ; 17) Liam ; 18) Niall ; 19) Zayn ; 20) Oui, oui !